I0159270

Primera
Tesalonicenses

José Young

Ediciones Crecimiento Cristiano

© 2007 **Ediciones Crecimiento Cristiano**
Título: Primera Tesalonicenses
Autor: José Young
Primera edición 2007
Edición actualizada 2010
I.S.B.N.-10: 987-1219-07-5
I.S.B.N.-13: 978-987-1219-07-0
Clasificación: Estudio bíblico; guía de estudio
Diseño de la tapa: Ruth Santacruz
Queda hecho el depósito que previene la ley 11.723
Está prohibida la reproducción total o parcial de este cuaderno
sin previa autorización escrita de los editores.

Impreso en los talleres de
Ediciones Crecimiento Cristiano
Dirección postal: Casilla 3
Córdoba 419
5903 Villa Nueva, Cba.
Argentina

oficina@edicionescc.com.ar
www.edicionescc.com.ar

IMPRESO EN ARGENTINA
VE 12

Introducción

Salónica es una bella ciudad moderna en la costa del mar Mediterráneo. Es la segunda ciudad más grande de Grecia. Es una ciudad universitaria, base de la OTAN y centro industrial con refinerías de petróleo, plantas de ingeniería y textiles. Tiene una población actual de unas 700.000 personas. En el tiempo del apóstol Pablo su nombre era Tesalónica. Y también en esa época era una ciudad importante. La más grande de la provincia de Macedonia, y su capital. Un puerto importante. Por la ciudad pasó uno de los principales caminos romanos de comercio. Tenía una población de unos 200.000 personas en la época del Nuevo Testamento.

Pero lo más importante para nosotros es que en esa ciudad Dios levantó una iglesia. Y la persona principal que utilizó para hacerlo era Pablo. Un tiempo después de su estadía en la ciudad, escribió esta carta. Y, como vamos a ver, Pablo nos presenta una serie de temas fundamentales para la vida cristiana.

He de hacer referencia a más de una versión de la Biblia en el estudio. Los principales son:

RV = Reina Valera versión 1995
NVI = Nueva Versión Internacional
BE = Dios llega al hombre, versión de estudio del año 1990.

INDICE

1

Tesalónica

La historia realmente comienza en el capítulo 16 de Los Hechos. Encontramos a Pablo en su segundo viaje misionero, y recién había agregado a Timoteo a su equipo de trabajo (Hechos 16.1-3). Como se había propuesto, iba visitando las iglesias que nacieron como resultado de su primer viaje, pero cuando quería entrar en nuevas tierras, dos veces el Espíritu se lo impidió (Hechos 16.6, 7).

Como consecuencia bajaron hasta la costa, donde Pablo recibió una visión que abrió la puerta para comenzar una obra en la provincia romana de Macedonia, y las ciudades que visitó son parte de lo que ahora es Grecia.

Hechos 16

Vemos que fueron casi directamente a la ciudad de Filipos, la ciudad más importante de la zona.

1/ ¿Qué evidencias hay de fruto como resultado de su predicación?

Hechos 17:1-9

De Filipos, el relato da a entender que fueron directamente a Tesalónica, sin parar en las ciudades por donde pasaron.

2/ Lucas dice (Hechos 17) que Pablo fue primero a la sinagoga para predicar su mensaje. ¿Por qué fue allí sabiendo que los judíos eran los que más se oponían a su mensaje?

3/ ¿Cómo fue la reacción de la gente al escuchar la predicación de Pablo?

a/ ¿Quienés fueron los que respondieron mejor a su mensaje? ¿Por qué ellos especialmente?

Un grupo de judíos armaron una turba y quería atacar a los misioneros, pero no los encontraron. Fueron a la casa de un tal Jasón, quien aparentemente los hospedaba a ellos, pero no los encontraron allí tampoco. Al final llevaron a Jasón y a otros de los nuevos creyentes ante las autoridades.

4/ ¿Cómo entiende usted la acusación que hicieron los judíos frente a las autoridades?

Como consecuencia de todo esto Pablo y Silas partieron hacia Berea. (Ver nota 1) Sin embargo, aun allí los mismos judíos fueron desde Tesalónica para impedir su obra (Hechos 17.13). De Berea Pablo siguió viaje hasta Atenas y luego a Corinto. Ya que su estadía en Atenas era de paso (Hechos 17.18), probablemente no pasaron más que algunas semanas entre su salida de Tesalónica y su llegada a Corinto.

5/ ¿Qué agrega 1 Tesalonicenses 2.17, 18 a esta historia?

6/ La preocupación de Pablo se ve también en Tesalonicenses 3.1, 2.
a/ ¿Cuál fue el propósito de Pablo?

b/ ¿Cuál fue el resultado? Ver también 3.6

Durante la visita breve de Pablo y su equipo en Tesalónica se formó un grupo de creyentes (ver nota 2). Pero no tuvo tiempo para establecerlo en la fe y vemos su preocupación por ellos. Por eso, al ver que ya no podía regresar, por lo menos todavía, les escribe esta carta. En parte para animarlos, en parte para instruirlos en la vida cristiana, pero también para aclarar unos temas donde, aparentemente, ellos ya tenían preocupaciones. Ahora sigamos adelante con la carta misma.

Notas:
1 - No es claro cuál era la "fianza" que pidieron a Jasón (Hechos 17.9). Pero lo más probable es que le exigieron una garantía a él y a los hermanos con los que estaba que no iban a hacer disturbios en el futuro.
2 - Los "griegos piadosos" (RV) o 'griegos que adoraban a Dios' (Hechos 17.4) eran gentiles, atraídos por la moralidad y mensaje de los judíos, que participaban en sus cultos. Eran 'prosélitos', no convertidos, ya que no habían recibido la circuncisión.

2

1 Tesalonicenses 1.1-10

Pablo está acompañado por Timoteo y Silvano cuando escribe (Nota 1). Y aunque recién se había formado el grupo de creyentes en Tesalónica, los llama 'iglesia'.

1/ Note cómo en el v. 1 Pablo dice que están "en" Dios y "en" Jesucristo, ¿Es lo mismo que estar "con" Cristo? ¿Qué significa estar "en" Cristo?

El recuerdo que Pablo tiene de ellos y el informe que había recibido acerca de ellos lo llenan de gratitud. Y dice en el v. 3 que tiene tres motivos para dar gracias a Dios por ellos.

2/ Explique los tres motivos con sus propias palabras. ¿Qué le llamó la atención?

1)

2)

3/)

Pablo dice que está seguro de la conversión de ellos (v. 4), y menciona varias razones porque lo siente. En parte su confianza viene de la experiencia de él y los otros durante su corto tiempo en Tesalónica. Pero también tiene confianza en los resultados de su predicación. En el v. 5 Pablo describe su propia experiencia entre ellos, lo que él y sus compañeros vivían. Dice que su mensaje llegó:

"No sólo con palabras sino también con poder" (NVI Ver *nota* 2)

No hay duda de que las palabras son "baratas". En un sentido, es fácil hablar. Pero hablar con poder es otra cosa.

3/ ¿Qué es "hablar con poder"? ¿Cómo sabemos si un hermano habla "con poder"?

"..con el Espíritu Santo..."

4/ ¿Cómo se puede estar seguro de que el mensaje que lleva va "con el Espíritu Santo"?

.."*con profunda convicción...*" (NVI Nota 3)

Una persona no sufre lo que Pablo sufrió si no tiene una profunda convicción de la validez de su mensaje. Aunque todos debemos ser testigos de Cristo, hay que tener valentía para realmente confrontar al mundo con la verdad.

"*..buscando su bien.*"

De esto Pablo habla más en el siguiente capítulo.
Además de su propia experiencia, Pablo habla de las evidencias que se podía ver en ellos de la realidad de su conversión.
Lla fama de esta nueva iglesia se había difundido por toda la zona.

5/ ¿Qué habrá llamado tanto la atención a la gente, a los que vieron a la iglesia desde lejos?

6/ ¿La iglesia suya tiene las mismas características para llamar la atención de la gente?

Notas:

1 - Silvano es el mismo Silas que encontramos en Hechos 17. Tal como Saulo prefería utilizar su nombre griego, Pablo, de la misma manera Pablo refiere a Silas con su nombre griego, Silvano.

2 - La RV separa los primeros 3 elementos de este versículo con "en". "..en poder, en el Espíritu Santo y en plena certidumbre." La versión NVI hace lo mismo pero con "con". "..con poder...etc."

3- La BE tiene "con una gran abundancia de gracia", pero es preferida la traducción de las otras versiones.

3
1 Tesalonicenses 2.1-9

Como afirma Pablo en el versículo 1, su visita a Tesalónica no fue un fracaso. Da amplias evidencias en el capítulo 1. Tanto en Filipos como en Tesalónica, tuvo una oposición fuerte, sin embargo, predicó a Cristo con valentía y Dios bendijo su esfuerzo. Los comentaristas sugieren que los versículos 1 al 16 de este capítulo (2) son la defensa de Pablo frente a las acusaciones de los judíos de Tesalónica. O sea, son un bosquejo importante de la manera en que Pablo trabajó, y de la manera en que nosotros también debemos trabajar.

En el versículo 3 Pablo niega tres posibles quejas acerca de su predicación (nota 1), que seguramente eran acusaciones de los judíos.

1/ Explique, con sus propias palabras, qué significa la acusación en cada caso.

a/

b/

c/

Al contrario, dice Pablo, era Dios quien le encargó esa tarea (nota 2), y su único propósito era agradar a Dios.

En los versículos 5 a 7 Pablo utiliza una serie de términos para afirmar su manera de obrar entre ellos. Vamos a examinarlos.

A "*Nunca usamos de palabras lisonjeras*' (RV); '*nunca hemos recurrido a las adulaciones*" (NVI).

2/ Explique con sus propias palabras lo que Pablo evitaba.

B "*Ni a las excusas para obtener dinero*" (NVI); "*ni encubrimos avaricia*" (RV).

Sabemos que Pablo, después de su breve estadía en Tesalónica, siguió viaje hacia Jerusalén donde fue encarcelado. Una de las ciudades que visitó en su viaje era Corinto, donde pasó un año y medio (Hechos 18.11). Es muy probable que escribió la Epístola a los Romanos desde Corinto.

3/ Si es así, ¿puede 1 Corintios 9.7-15 explicar la cita B?

C "Ni *buscamos gloria de los hombres*" (RV); "*nunca hemos recurrido a las adulaciones*" (NVI).

Pablo puede haber insistido en su importancia como apóstol de Cristo, pero aparentemente no lo hizo.

4/ Y si hubiera exigido su autoridad, ¿cuál habría sido la diferencia en su ministerio en Tesalónica?

D "*Fuimos tiernos*" (RV); "*los tratamos con delicadeza*" (NVI).

Supongamos que usted fuera como misionero a un pueblo en algún país donde el evangelio no ha llegado.

5/ ¿Cómo tendría que actuar para cumplir el modelo del versículo 7?

Es llamativo el afecto que Pablo sentía por ellos. Lo que impulsó Pablo era mucho más que "ganar almas". Y es muy probable que ese afecto era una explicación parcial de su éxito.

6/ En el versículo 8 Pablo habla de "entregarles su propia vida". ¿Qué quiere decir con eso?

7/ Pablo puede haber pasado entre uno y seis meses en Tesalónica. En 2.9 habla de su "trabajo". ¿Qué aprendemos de ese trabajo en Hechos 18.3 y 20.34?

8/ Para terminar esta lección:
  a/ ¿Cuántas veces encontramos la palabra "Dios" en este pasaje?

  b/ Explique la relación que Dios tuvo con el ministerio de Pablo según estas referencias a Dios.

Notas

1 - La palabra traducida por "exhortación" en la RV, o "predicación" en la NVI, tiene un significado amplio. Es más que comunicar un mensaje. Sugiere apelar, confortar, animar, ayudar. Es decir, implica mucho más que simplemente dar un mensaje.

2 - El verbo griego traducido por "confiar" en el versículo 4 es la misma que normalmente se traduce por 'creer' en el Nuevo Testamento. Es decir, la fe bíblica tiene un aspecto fuerte de compromiso.

4

1Tesalonicenses 2.10-16

Pablo sigue explicando su conducta entre los hermanos de Tesalónica, y a la vez nos deja un ejemplo digno de imitar.

En el versículo 10 Pablo utiliza tres términos para describir su conducta y la de sus compañeros. No son iguales, y conviene ver más de una versión de la Biblia para aclararlos.

1/ Dé una definición propia de los tres, explicando la diferencia que existe entre cada uno de ellos.

a/

b/

c/

En el versículo 7 Pablo dijo que los trataba como una madre a sus hijos. Ahora, en el versículo 11, se compara con un padre.

2/ ¿Cuáles serán las diferencias entre las dos maneras de tratar a los nuevos creyentes?

La exhortación para ellos y para nosotros es la misma: que llevemos una vida digna de Dios. (nota 1).

Una vez más Pablo da gracias a Dios por ellos (13).

3/ Las dos razones principales por las cuales da gracias son:

a/

b/

Pablo da gracias porque recibieron la Palabra, pero también dice que hay dos maneras de recibirla.

4/ De una manera práctica, ¿cuál es la diferencia entre estas dos maneras de recibir la palabra?

También en el versículo 13 Pablo habla de la Palabra de Dios que actúa. El verbo significa obrar, dar resultados.

5/ Busque por lo menos un pasaje del Nuevo Testamento que afirma ese actuar de la Palabra.

Las nuevas iglesias sufrieron persecución, pero no todavía de parte del Imperio Romano sino que era una persecución más bien local. A veces de los judíos, a veces de la gente de otras creencias. El libro de Los Hechos ofrece amplio testimonio de esto.

Pablo destaca que la situación de ellos con sus compatriotas era igual que la que enfrentaron sus hermanos en Israel de parte de los judíos y sus paisanos. (nota 2)

6/ ¿Según Pablo, ¿cuál era el motivo principal de los judíos en su persecución contra Pablo y sus compañeros?

Desde la promesa original a Abraham (Génesis 18.18), Israel debía ser el testigo del verdadero Dios a todas las naciones de la tierra. Todos debían ver la gloria de Dios por medio de su pueblo.

7/ ¿Qué habrá pasado, entonces, para que tuvieran una actitud tan negativa hacia los demás?

Pablo afirma que esa actitud de los judíos iba a resultar en su juicio, que vino apenas 20 años después (nota 3).

Notas:

1 - El versículo dice literalmente que debemos *caminar* dignamente, una figura común en el Nuevo Testamento para referirse a la vida cristiana.

2 - La palabra traducida por 'imitadores' (RV) en el versículo 14 ('seguir ejemplo' NVI) significa estar en la misma situación que otra persona.

3 - Los comentaristas afirman que el verbo 'vino' (RV) en griego no necesariamente se refiere a algo del pasado, sino que apela a algo seguro. La versión NVI dice: "Pero el castigo de Dios vendrá sobre ellos..."

5
1 Tesalonicenses 2.17 - 3.13

Con los últimos versículos del capítulo 2 Pablo destaca su deseo de visitarlos. Y dice dos cosas llamativas.

Primero, que Satanás le había impedido en su intento de visitarlos (18). Realmente no sabemos de qué manera lo hizo.
1/ ¿De qué manera Satanás puede estorbar la vida y testimonio de una iglesia actualmente?

Segundo, Pablo destaca que lo único que tiene para ofrecerle al Señor son vidas transformadas por su ministerio.
2/ ¿Podrá usted tener un "orgullo" (NVI) parecido o "gloriarse" (RV) como Pablo en aquel día cuando Cristo venga?

Cuando Pablo dejó Tesalónica la situación era delicada. Ahora su preocupación le impulsó a enviar a Timoteo a ellos.

3/ Pablo tenía mucha confianza en Timoteo.
a/ ¿Cómo lo demuestra en Filipenses 2.20-22?

b/ ¿Existen "Timoteos" en nuestras iglesias? Si no, ¿por qué?

Pablo dijo que no debían sentirse inquietos (RV) o pertubados (NVI) por lo que ellos estaban sufriendo. Porque, según dice, ya los había advertido sobre eso. Es decir, cuando les predicó el evangelio, parte de su mensaje era que iban a tener que sufrir.

4/ ¿Escuchamos esta advertencia en las predicaciones actualmente? ¿Por qué?

Timoteo regresó de su viaje con buenas noticias. Iban creciendo en su fe. Tenían ganas de ver a Pablo de nuevo.

5/ ¿Cómo reaccionó Pablo al recibir las noticias que trajo Timoteo?

En los versículos 11-13 tenemos una serie de pedidos de Pablo. Seguramete era parte de sus oraciones por ellos. Podríamos aprender mucho acerca de la oración siguiendo sus ejemplos.

6/ En estos versículos pide varias cosas. ¿Cuáles son?

Esta es la tercera vez que Pablo hace referencia al regreso de Jesucristo (1.9, 10; 2.19, 20; 3.12, 13). Es esa seguridad que le impulsó a gastar su vida en gente, en ganar el máximo número de personas posible antes del fin.

6

1 Tesalonicenses 4.1-12

Pablo reconoce con satisfacción la manera en que los hermanos de Tesalónica recibieron el evangelio, pero a la vez afirma que es solamente el comienzo. Dice que tal como aprendieron a caminar (nota 1) de una manera que agrada a Dios, que sigan, que abunden más y más (RV) en esa vida. La vida cristiana será siempre un proceso, porque nunca en este mundo hemos de llegar a la meta, la imagen de Cristo

1/ En una escala como la de abajo, ¿dónde se ubica usted entre cero (conversión) hasta 100 (imagen de Cristo). Sea realista en su evaluación.

```
0                    50                   100
|————————————————————|——————————————————————
|
```

2/ Piénselo bien. ¿Qué es lo que más le hace falta para progresar por el camino?

Pablo dice que el propósito de Dios es su santificación, concepto que repite en los versículos 4 y 7. Es lo que siempre ha exigido Dios de su pueblo.

"'Yo soy el SEÑOR, que los sacó de la tierra de Egipto, para ser su Dios. Sean, pues, santos, porque yo soy santo." (Levítico 11.45)

3/ ¿Es posible vivir una vida 'santa' ahora? ¿Es lo mismo que ser perfecto? ¿Qué le parece?

El tema específico de Pablo en estos versículos es la 'fornicación' (RV), o 'inmoralidad sexual' (NVI). Aunque el versículo 4 nos presenta un problema. La palabra traducida "esposa" en la versión RV en realidad debe traducirse "cuerpo". Significa principalmente "objeto, cosa, frasco" y las versiones NVI y BE la traducen por "cuerpo" en ese mismo versículo. Como resultado tenemos dos posibles traducciones:

1 - controlar su propio cuerpo
2 - tener su propia esposa.

Conviene ver los versículos 4-6 en la versión NVI o BE.

4/ Explique la exhortación de Pablo si utilizamos la primer posible traducción. Ver también Romanos 6.13 y 1 Corintios 9.27.

5/ Explique la exhortación según la segunda posible traducción. Ver también 1 Corintios 7.2-5.

6/ ¿Qué quiere decir Pablo en el versículo 6? (Nota 2)

La advertencia del versículo 8 es realmente grave. No podemos jugar con Dios. La obediencia es uno de los aspectos esenciales del evangelio. Pero en cuanto al amar a los hermanos, dice Pablo, no necesitaba decir nada. ¡Ojalá fuera posible decir esto acerca de nuestras iglesias hoy!

7/ Aunque ellos andan bien, Pablo les da cuatro instrucciones acerca del tema en los versículos 10 y 11. ¿Cuáles son?

1 -

2 -

3 -

4 -

En su segunda carta a los tesalonicenses Pablo dice que el que no trabaja tampoco debe comer (2 Tesalonicenses 3.10). De varias maneras en sus cartas insiste en la necesidad del trabajo.
8/ Explique las dos razones que encontramos en el versículo 12 por qué Pablo insiste sobre el tema.

La vida que agrada a Dios tiene muchas dimensiones. Pablo menciona solamente algunas en este pasaje. No hay tarea más importante para el discípulo de Jesucristo que buscar, entender y vivir esas dimensiones.

Notas

1 - La expresión traducida por "conducirse" (RV) o "modo de vivir" (NVI) es literalmente "caminar". Los primeros cristianos recibieron el apodo de "los del camino" (Hechos 9.2) y es una figura apta para describir una vida que va adelante, que progresa.

2 - La palabra "vengador" en la versión RV sería traducido mejor por 'el que hace justicia'.

7

1 Tesalonicenses 4.13-5.11

Aparentemente, según lo que escribe Pablo, los tesalonicenses estaban preocupados. Esperaban el regreso del Señor y encontrarse con él. Pero ¿qué de los hermanos que murieron antes de su venida? ¿Quedan excluídos?

1/ **No, enfatiza Pablo, y cuando Jesús venga las cosas van a ocurrir en este orden:**

a - La voz de mando. ¿Cómo será esa voz según Isaías 30.30; 66.6; Joel 2.11; Apocalipsis 1.10, 1.15?

b - Voz de arcángel. La palabra arcángel aparece, aparte de aquí, solamente en Judas 9. Judas dice que el nombre del arcángel es Miguel. ¿Qué aprendemos acerca de él en Daniel 10.13; 12.1; Apocalipsis 12.7?

c - <u>La trompeta de Dios</u>. Note los motivos para hacer sonar la trompeta: Levítico 23, 24; 25.9; Isaías 27.13; Jeremías 4.5. ¿Cuál será el propósito de la trompeta cuando Cristo regrese?

Pablo afirma que después de la trompeta, los muertos en Cristo resucitarán. **2/ En base a 1 Corintios 15.35-49 explique cómo serán.**

E inmediatamente después, según Pablo, los que vivan cuando Cristo regrese serán "arrebatados". **3/ Busque esa palabra en el diccionario y explique qué significa en este pasaje de Pablo (el significado de la palabra es amplio).**

4/ Pablo describe ese día pero luego dice que su llegada será "como ladrón en la noche" (5.3 NVI). Explique cómo esa figura corresponde al regreso del Señor.

Aunque el planteo de este pasaje es claro, hay varias interpretaciones acerca del lugar de la iglesia en estos eventos. La interpretación más difundida es que la iglesia será arrebatada (la palabra que se encuentra en el v. 17) secretamente antes del regreso del Señor. Aunque este pasaje mismo no apoya esa interpretación. La razón por la cual el regreso del Señor no debe sorprendernos, según Pablo, es que somos del día, y no de la noche.

5/ ¿Cuáles son las diferencias más importantes entre los que son "del día" y los que son "de la noche"?

Pablo afirma lo mismo que muchos otros pasajes de las Escrituras: que el Señor regresa y nosotros estaremos con él. Puede ser que no estén muy claros los detalles, pero lo más importante está bien claro.

'Por eso, anímense y edifíquense unos a otros, tal como lo vienen haciendo.' (versículo 11, NVI)

8

1 Tesalonicenes 5.12-28

Pablo termina su carta con unos temas prácticos. Posiblemente su intento es de corregir algunos problemas en la congregación. Menciona primeramente a los dirigentes de la iglesia. Las primeras congregaciones no tenían un solo pastor, sino un equipo de 'ancianos' (Hechos 14.23), y eran, en la mayoría de los casos, personas sin una preparación previa para la tarea. Es fácil ver cómo en esa situación pueden haber surgido tensiones y posibles conflictos.

1/ **En general, ¿cómo debería haber sido la actitud de los creyentes hacia sus ancianos? (Nota 1)**

2/ **¿Qué debía motivar tal actitud?**

3/ El versículo 14 instruye en cuanto a cuatro obligaciones que involucran a todos. Para cada una busque por lo menos una cita más del Nuevo Testamento que pide lo mismo, y <u>explique el alcance de esa obligación.</u>

1-

2-

3-

4-

El versículo 15 se repite en Romanos 12.17 casi literalmente.

Aunque los versículos que siguen (Romanos 12.18-21) amplian el concepto.

4/ ¿Qué agrega Pablo en Romanos a lo que dice el versículo 15?

5/ El versículo 16, ¿es posible?

'Orar sin cesar' (versículo 17) es, por supuesto, imposible. ¡Nadie puede orar 24 horas por día!

6/ ¿Cómo, entonces, debemos aplicar este consejo?

El verbo en el versículo 19 es literal. Habla de apagar como si fuera una luz o un fuego. El único pasaje que dice algo parecido es Efesios 4.31 donde dice que no debemos 'agraviar' (NVI) o 'entristecer' (RV) el Espíritu. Pablo en este pasaje no nos explica a qué se refiere.

7/ ¿Qué le parece? ¿Qué puede significar 'apagar' al Espíritu?

Los versículos 20 a 22 forman un conjunto. Afirman un principio esencial de la vida cristiana sana.

8/ En base a Filipenses 4.8, Efesios 5.10 y 1 Juan 4.1, explique el principio.

Pablo termina su carta con una oración. Pide que Dios obre en ellos para que al regresar Jesucristo, todo su ser (ver nota 2) sea santo, listo. Sugiero que terminen su estudio pidiendo lo mismo.

Notas

1 - La palabra traducida por 'reconocer' (RV) o 'ser considerado' (NVI) significa ver, observar, o también comprender, reconocer.

2 - Aunque hay diferencias de opinión sobre los términos "espíritu, alma y cuerpo', lo más probable es que Pablo se refiere a los aspectos inmortal, personal y físicos de la persona. La palabra traducida 'alma' muchas veces se traduce por 'vida' (Marcos 8.35).

Cómo utilizar este cuaderno

E stos cuadernos son guías de estudio, es decir, su propósito es guiarle a usted para que haga su propio estudio del tema o libro de la Biblia que desarrolla este material. El cuaderno propone un diálogo. En él introducimos el tema, sugerimos cómo proceder con la investigación, comentamos, pero también preguntamos. Los espacios después de las preguntas son para que usted anote su respuesta a ellas. Esperamos que, por medio del diálogo, le ayudemos a forjar su propia comprensión del tema. No de segunda mano, como cuando se escucha un sermón, sino como fruto de su propia lectura y investigación.

¿Cómo hacer el estudio?
1 - Antes de comenzar, ore. Pida ayuda a Dios que le hable y le dé comprensión durante su estudio.
2 - Se deben leer los pasajes bíblicos más de una vez y preguntarse: ¿Qué dice el autor? Aunque muchos utilizan la versión Reina-Valera de la Biblia, conviene tener otra versión o versiones disponibles para comparar los pasajes entre las dos. La "Versión popular" y la "Nueva versión internacional" le pueden ayudar a ver el pasaje con más claridad.
3 - Siga con la lectura de la lección. Responda lo mejor que pueda a las preguntas.
4 - Evite la tendencia de "apurarse para terminar". Es mejor avanzar lentamente, pensando, preguntando, aclarando.

En grupo
El estudio personal es de mucho valor pero se multiplican los beneficios si lo acompaña con el estudio en grupo. Un grupo de hasta 8 personas es lo ideal. Pero, puede ser que el grupo esté formado por usted y una persona más, aun así, es mejor que estudiar solo.

En realidad, estos cuadernos han sido diseñados con ese motivo: estimular el estudio en células, en grupos pequeños.

La manera de hacerlo es fácil:

1 - Usted hace en forma personal una de las lecciones del cuaderno. Aun cuando pueda haber cosas que no entienda bien, haga el mayor esfuerzo posible para completar la lección.

2 - Luego se reune con su grupo. En el grupo comparten entre todos las respuestas de cada pregunta. Puede ser que no tengan las mismas respuestas, pero comparando entre todos las van aclarando y corrigiendo. Es durante este compartir semanal de una hora y media, este diálogo entre todos, donde se encuentra la verdadera riqueza y que nos provée esta forma de estudio.

3 - Evite salirse del tema. El tiempo es oro, y lo más importante es enfocar todo el esfuerzo del grupo en el tema de la lección. Luego, pueden dedicar tiempo para conocerse más y tener un rato social.

4 - Participe. Todos deben participar. La riqueza del trabajo en grupo es justamente eso.

5 - Escuche. Hay una tendencia de apurar nuestras propias opiniones sin permitir que el otro termine. Vamos a aprender de cada uno, aun de los que, según nuestra opinión, están equivocados.

6 - No domine la discusión. Puede ser que usted tenga todas las respuestas correctas, sin embargo es importante dar lugar a todos, y estimular a los tímidos a participar. No se trata de sobresalir, sino de compartir aprendiendo juntos.

Si en el grupo no hay una persona con experienca en coordinarlo, se puede encontrar ayuda para dirigir un grupo en:

1 - Nuestra página web, www.edicionescc.com. La sección "Capacitación" ofrece una explicación breve del método de estudio.

2 - En las últimas páginas de nuestro catálogo se ofrece también una orientación.

3 - El cuaderno titulado "Células y otros grupos pequeños" es un curso de capacitación para los que desean aprender cómo coordinar un grupo.

4 - Hay algunas guías que disponen de un cuaderno de sugerencias para el coordinador del grupo.

Finalmente diremos que las guías no contienen respuestas a las preguntas ya que el cuaderno es exactamente eso, una guía, una ayuda para estimular su propio pensamiento, no un comentario ni un sermón. Le marcamos el camino, pero usted lo tiene que seguir.

Que el Señor lo acompañe en esta tarea y si necesita ayuda, comuníquese con nosotros. Estamos para servirle.

www.ingramcontent.com/pod-product-compliance
Lightning Source LLC
Chambersburg PA
CBHW060643030426
42337CB00018B/3429

* 9 7 8 9 8 7 1 2 1 9 0 7 0 *